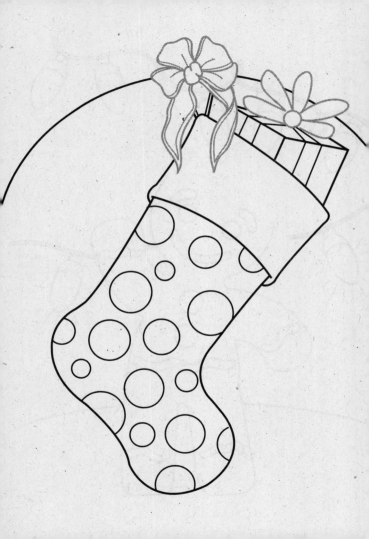

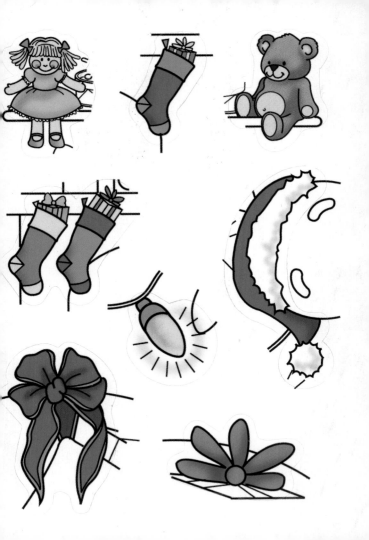

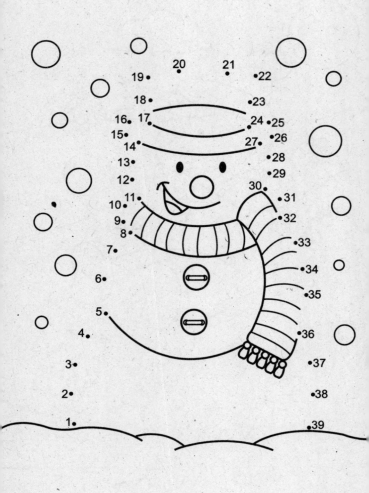

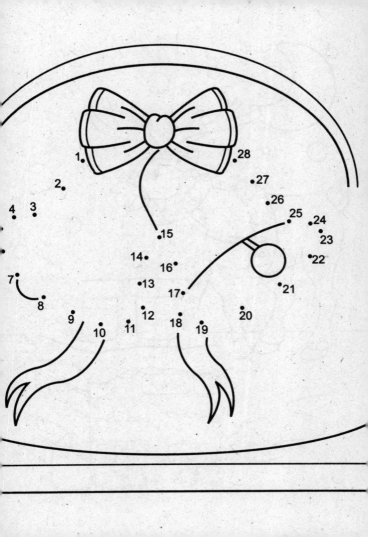

It's Christmas eve and Santa is delivering all the presents.

Can you guide him through the maze to the first house?

Solution:

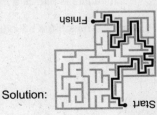

Each bauble is part of a matching pair.

Can you match the baubles to make 4 pairs?

Rudolph the reindeer has accidently left behind one of the presents.

Can you guide him through the maze to find it?

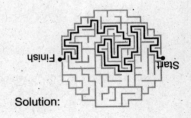

Solution:

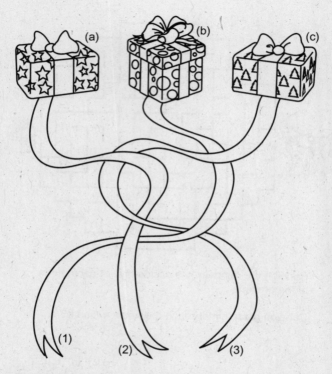

The ribbons on these presents have got mixed up.

Which ribbon belongs to which present?

Solution: (1)=(b), (2)=(a), (3)=(c)

G	E	H	F	X	W	O	V	D	L	G	O
S	J	T	S	A	N	T	A	P	O	G	I
W	O	U	I	O	F	I	X	T	E	S	B
Z	C	A	H	M	A	S	R	C	R	N	M
K	H	F	A	I	R	Y	S	W	I	O	V
K	R	Y	I	C	A	A	E	O	F	W	E
Q	I	P	S	H	W	O	S	G	L	M	L
O	S	P	Y	M	E	L	F	Z	H	A	E
H	T	B	C	F	Y	O	N	S	Q	N	S
V	M	C	E	H	V	M	P	Y	Z	S	J
Y	A	R	E	I	N	D	E	E	R	Q	R
E	S	S	C	Z	O	Z	S	H	X	C	G

Christmas   Elf   Fairy
Reindeer   Santa   Snowman

C	A	N	D	Y	C	A	N	E	Z	H	R
O	G	X	T	E	Y	Q	K	Q	G	I	O
P	G	Y	E	U	L	C	U	F	T	E	R
A	I	X	S	T	A	R	E	A	I	B	G
W	F	T	B	Q	H	W	N	E	N	D	H
U	T	J	V	O	S	C	V	I	S	N	V
L	S	A	M	C	B	N	J	I	E	X	L
A	R	U	B	A	S	V	F	O	L	K	A
H	M	S	L	E	I	G	H	F	Q	W	A
P	J	K	L	D	S	T	R	L	O	V	U
L	C	R	A	C	K	E	R	C	T	R	V
R	J	N	Y	K	R	V	Q	Y	I	B	J

Candycane   Cracker   Gifts
Sleigh   Star   Tinsel

N	U	M	K	B	E	L	L	S	C	N	S
K	E	I	K	D	D	Y	E	V	U	U	T
S	V	S	B	H	Q	W	I	L	Y	L	O
W	D	T	A	X	N	L	C	N	S	R	C
I	B	L	I	B	T	O	J	J	H	C	K
P	X	E	L	P	R	H	E	A	W	T	I
R	Y	T	A	Q	E	F	C	P	C	K	N
W	M	O	H	M	E	A	H	E	A	Z	G
Y	W	E	J	C	B	M	A	Y	H	C	T
D	Z	Q	N	Y	T	G	H	O	L	L	Y
W	R	E	A	T	H	D	G	N	D	P	Y
N	B	E	I	F	S	J	M	Q	Y	L	H

Bells   **Holly**   **Tree**
Stocking   **Mistletoe**   **Wreath**

Y	J	J	N	X	V	M	F	E	S	F	G
E	S	N	O	W	F	L	A	K	E	U	I
A	W	E	C	U	I	M	S	A	N	N	N
D	D	A	A	D	R	D	R	R	E	N	G
V	M	P	R	E	S	E	N	T	S	M	E
E	K	S	K	A	W	O	O	Q	E	B	R
N	U	M	O	N	A	G	G	R	R	T	B
T	D	S	T	F	V	S	F	A	P	P	R
F	A	I	R	Y	L	I	G	H	T	S	E
H	I	L	F	U	B	B	M	W	B	F	A
O	K	C	A	R	D	S	I	W	Z	V	D
K	J	P	C	M	N	B	C	U	C	G	V

Advent   Cards   Fairylights
Gingerbread   Presents   Snowflake

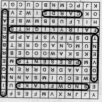

Across:
3. The animal that pulls the sleigh
4. Hang this on your front door
5. These are wrapped and left under the tree
6. An ornament with wings that sits on top of the tree

Down:
1. You have to kiss when you stand under this plant
2. Use this to countdown the days till Christmas

Take the first letter of each picture clue above and place them in the boxes below.

What word is spelt out?

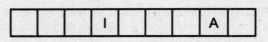

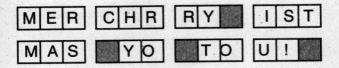

MER | CHR | RY | | IST
MAS | | YO | TO | U !

Rearrange the tiles above into the boxes below to reveal the message.

Solution: Merry Christmas to you!

Use the picture clues to fill in the boxes. Place all the letters that appear in the shaded boxes into the boxes below.

What new word is spelt out?

Solution: Stocking